ESPACIO INCREÍBLE

LAS NAVES ESPACIALES

POR LORI DITTMER

CREATIVE EDUCATION • CREATIVE PAPERBACKS

Publicado por Creative Education y Creative Paperbacks
P.O. Box 227, Mankato, Minnesota 56002
Creative Education y Creative Paperbacks
son sellos de The Creative Company
www.thecreativecompany.us

Diseño de The Design Lab
Dirección artística de Graham Morgan
Editado por Ana Brauer

Fotografías de TK NASA/NASA/Joel Kowsky, 16, NASA/JPL, 8, NASA/JPL, 9, 18, NASA/JPL-Caltech, 5, 14, 17, 20, 22, NASA/JPL-Caltech/Malin Space Science Systems, 2, NASA/JPL-Caltech/MSSS, 13, 21; Wikimedia Commons/Unknown, 7, Armael, 6, NASA/JPL-Caltech, portada, 1, NASA/JPL-Caltech, 10

Library of Congress Cataloging-in-Publication Data
Names: Dittmer, Lori, author.
Title: Las naves espaciales / Lori Dittmer.
Other titles: Space rovers. Spanish
Description: Mankato, Minnesota : Creative Education and Creative Paperbacks, [2025] | Series: Espacio increíble | Includes index. | Audience: Ages 6–9 | Audience: Grades 2–3 | Summary: "Learn about space rovers and how the robotic machines aid in research. Translated into North American Spanish, this astronomy title for elementary-aged kids includes captions, on-page definitions, a space science feature, and an index"— Provided by publisher.
Identifiers: LCCN 2024022749 (print) | LCCN 2024022750 (ebook) | ISBN 9798889895398 (library binding) | ISBN 9781682777329 (paperback) | ISBN 9798889895473 (ebook)
Subjects: LCSH: Roving vehicles (Astronautics)—Juvenile literature.
Classification: LCC TL475 .D5814 2025 (print) | LCC TL475 (ebook) | DDC 629.47—dc23/eng/20240710
LC record available at https://lccn.loc.gov/2024022749
LC ebook record available at https://lccn.loc.gov/2024022750

Impreso en China

Índice

Los exploradores espaciales son robots. Se desplazan por la superficie de lunas y planetas. Los científicos los controlan desde la Tierra. Los exploradores disponen de equipos para tomar fotografías. Toman muestras del suelo. Después, envían información a la Tierra. Nos ayudan a explorar el espacio exterior.

A partir de 2024, se habrán enviado seis exploradores a Marte y siete a la Luna.

En los años 70, el programa espacial soviético envió dos pequeños exploradores a la Luna. Se llamaron *Lunokhod 1* y *Lunokhod 2*. Los científicos utilizaron un control a distancia para manejarlos desde la Tierra. Los exploradores enviaron miles de fotografías desde la Luna.

Lunokhod significa "caminante de la Luna" en ruso.

Imagen tomada por Sojourner en Marte.

La NASA ha enviado cinco exploradores a Marte. El primero, *Sojourner*, aterrizó en 1997. Tenía el tamaño de un microondas. El explorador tomó más de 500 fotografías. Tres meses después, la NASA perdió el contacto con él.

NASA La Administración Nacional de la Aeronáutica y del Espacio es una agencia estadounidense que explora el espacio

Después de eso, los científicos construyeron exploradores más grandes. Duraron más y enviaron más información. Dos exploradores aterrizaron en Marte en 2004. *Spirit* estuvo activo hasta 2010. *Opportunity* funcionó hasta 2018. En 2011, la NASA lanzó *Curiosity*. En 2021, *Perseverance* aterrizó en Marte. Ambos exploradores seguirán activos en 2024.

Perseverance tiene el tamaño de un coche.

Un explorador

funciona con una batería. El cerebro de un explorador es un sistema informático. Este sistema envía información a la Tierra. Unas patas metálicas conectan las ruedas al cuerpo. Unas gruesas bandas de rodadura tiran de las ruedas para superar baches y desniveles.

Muchos exploradores fueron bautizados por estudiantes que se habían presentado a concursos de nombres.

Un explorador

tiene una cámara sujeta al cuello. Esto le proporciona una visión más elevada de la zona. Un explorador extiende un brazo. El brazo sostiene otra cámara o una herramienta diferente. Los sensores recogen datos sobre el aire y el suelo.

Perseverance tiene un micrófono para grabar sonidos en Marte.

Un lanzamiento a Marte sólo puede producirse cuando Marte y la Tierra están alineados. Esto ocurre cada dos años.

Los científicos empaquetan los exploradores en una nave espacial. Lanzan los exploradores al espacio con un cohete. El viaje a Marte dura unos siete meses. El explorador aterriza con un paracaídas. Unos pequeños cohetes de aterrizaje evitan que se estrelle. Ahora está listo para rodar!

Un dibujo conceptual de Perseverance aterrizando en Marte.

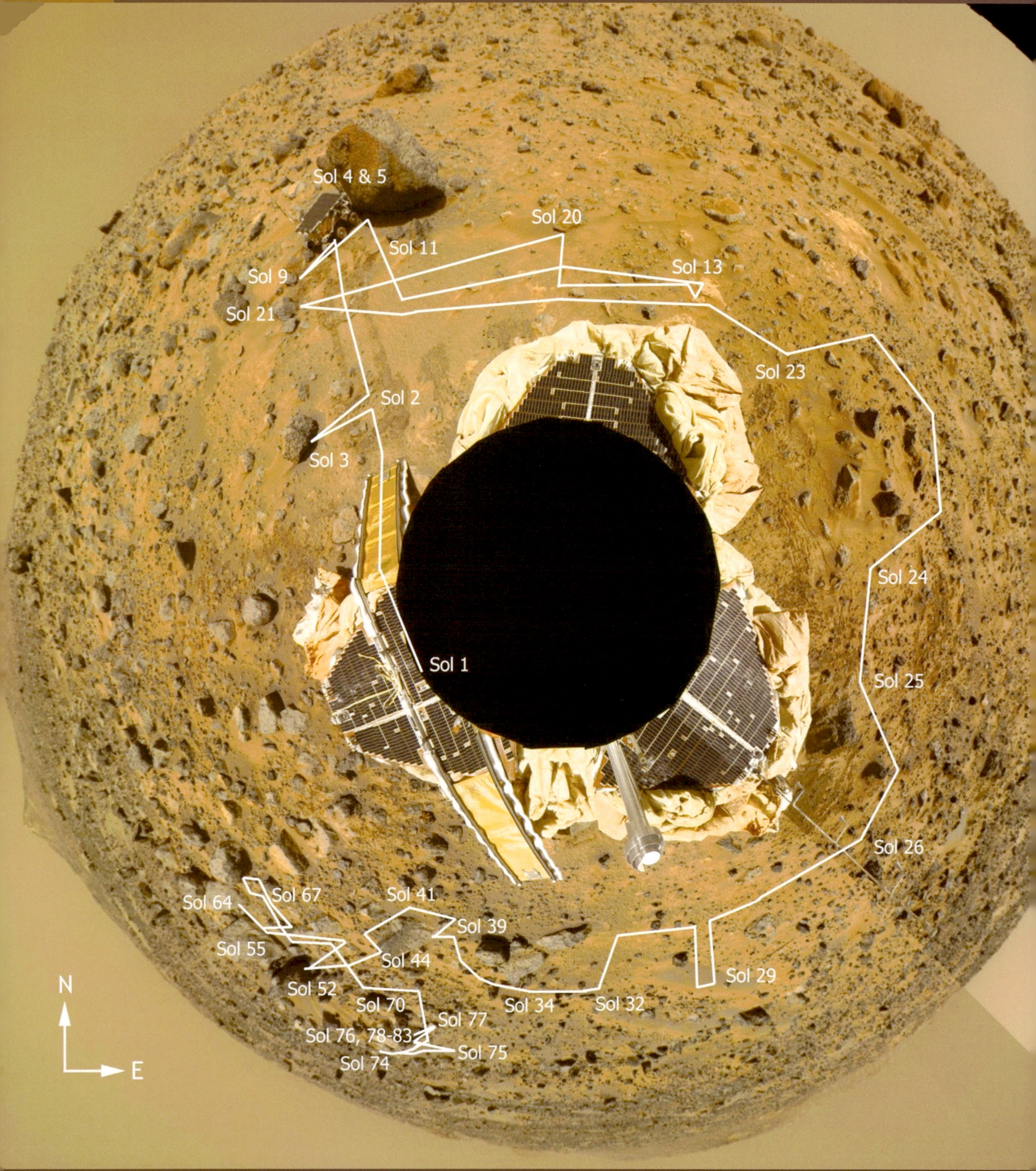
Sol 4 & 5
Sol 20
Sol 11
Sol 13
Sol 9
Sol 21
Sol 23
Sol 2
Sol 3
Sol 24
Sol 1
Sol 25
Sol 26
Sol 64
Sol 67
Sol 41
Sol 39
Sol 55
Sol 44
Sol 29
Sol 52
Sol 70
Sol 34
Sol 32
Sol 77
Sol 76, 78-83
Sol 75
Sol 74
N
E

Los científicos en la Tierra miran a través de la vista de la cámara del explorador. Envían comandos informáticos que indican al explorador hacia dónde dirigirse. El explorador hace un mapa del camino más seguro. Cuando llega a un nuevo lugar, envía una "postal" de dónde ha llegado.

En enero de 2024, Curiosity había recorrido 19 millas (31 km) en Marte.

Primera observación de un objetivo seleccionado por Opportunity usando un programa informático denominado AEGIS.

Los exploradores espaciales nos han proporcionado mucha información. Las imágenes nos muestran el aspecto de Marte. Las muestras de aire y suelo ayudan a los científicos a planificar el futuro. Tenemos una mejor idea de lo que cabe esperar cuando los humanos visiten Marte.

En 2025, los científicos planean enviar tres exploradores a la Luna para explorar su superficie.

En el foco: Perseverance

El explorador *Perseverance*, apodado Percy, aterrizó en Marte en 2021. Llevaba un dron helicóptero llamado *Ingenuity.* El dron indicó a los científicos el mejor lugar para enviar a Percy. El explorador se mueve más despacio de lo que camina una persona. Puede inclinarse sin volcar. Perfora las rocas con un brazo largo. Percy ha recogido más de 20 muestras de roca del tamaño de una tiza. Una futura misión enviará las muestras de vuelta a la Tierra.

Índice